AF358186

10 Mars 1886. V

CATALOGUE

DES

OBJETS D'AMEUBLEMENT

CURIOSITÉS

BIJOUX, MINIATURES, PORCELAINES, FAIENCES

MEUBLES

Grandes Garnitures de cheminée

Appliques — Lampes — Lustres — Cartels
Meuble de salon, bois doré couvert en damas
Glaces — Sièges — Entredeux, etc.
Tapisserie verdure — Étoffes

Grands Tapis de la Savonnerie

DONT LA VENTE AURA LIEU

HOTEL DROUOT, SALLE N° 5

Le Mercredi 10 Mars 1886

A DEUX HEURES

Par le Ministère de Mᵉ PAUL CHEVALLIER, commissaire-priseur
10, rue de la Grange-Batelière, 10

Assisté de M. CHARLES MANNHEIM, expert
7, rue Saint-Georges, 7

EXPOSITION PUBLIQUE : Le Mardi 9 Mars 1886
DE 1 HEURE A 5 HEURES

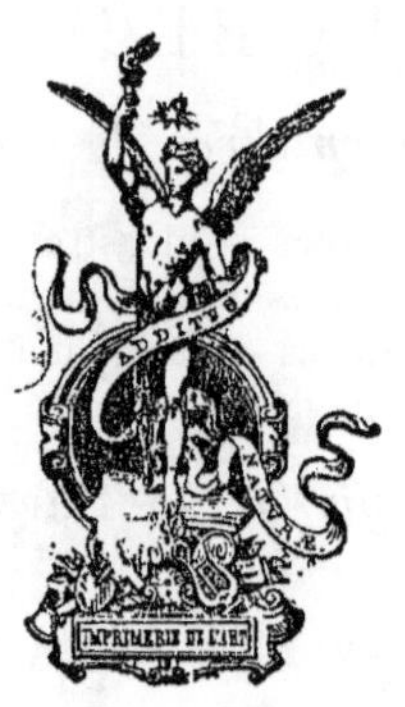
IMPRIMERIE DE L'ART

CATALOGUE

DES

OBJETS D'AMEUBLEMENT

CURIOSITÉS

BIJOUX, MINIATURES, PORCELAINES, FAIENCES

MEUBLES

Grandes Garnitures de cheminée

Appliques — Lampes — Lustres — Cartels
Meuble de salon, bois doré couvert en damas
Glaces — Sièges — Entredeux, etc.
Tapisserie verdure — Étoffes

Grands Tapis de la Savonnerie

DONT LA VENTE AURA LIEU

HOTEL DROUOT, SALLE Nᵒ 5

Le Mercredi 10 Mars 1886

A DEUX HEURES

Par le Ministère de Mᵉ Paul CHEVALLIER, commissaire-priseur
10, rue de la Grange-Batelière, 10

Assisté de M. Charles MANNHEIM, expert
7, rue Saint-Georges, 7

EXPOSITION PUBLIQUE : Le Mardi 9 Mars 1886
DE 1 HEURE A 5 HEURES

D05412

CONDITIONS DE LA VENTE

Elle sera faite au comptant.

Les acquéreurs payeront en sus des enchères *cinq pour cent*, applicables aux frais.

L'exposition mettant le public à même de se rendre compte de l'état des objets, il ne sera admis aucune réclamation une fois l'adjudication prononcée.

Paris. — Imp. de l'Art. E. Ménard et J. Augry
41, rue de la Victoire, 41

DÉSIGNATION DES OBJETS

BIJOUX — OBJETS VARIÉS

1 — Miniature ovale : Jeune fille blonde, cadre en cuivre estampé.

2 — Miniature ronde : Bacchante.

3 — Miniature : Portrait de femme.

4 — Aquarelle carrée par Deveria : Odalisque, cadre en bronze.

5 — Montre Louis XVI, en or ciselé à motif d'architecture et cordons de feuillages enrichis de jargons.

6 — Montre en or.

7 — Broche camée, tête de guerrier sur sardoine, entourage de demi-perles.

8 — Broche camée, tête de guerrier labrador, entourage de demi-perles.

9 — Broche, topaze brulée, entourage de demi-perles.

10 — Broche camée : Psyché et l'Amour, entourage de demi-perles et turquoises.

11 — Croix Jeannettes or et roses.

12 — Autre, or, argent et roses.

13 — Broche améthyste, entourage de demi-perles.

14 — Broche intaille sur cornaline.

15 — Broche camée à trois couches, tête de profil.

16 — Bague en or avec camée dur à trois couches.

17 — Bague en or avec grenat, entouré de roses.

18 — Bague avec topaze entourée de roses.

19-20 — Quatre bagues en or enrichies de roses, de pierres tables, etc.

21-22 — Deux épingles de cravate avec camées durs.

23 — Cachet anglais en or avec intaille armoriée.

24 — Épingle turquoise et roses.

25 — Deux pendants d'oreilles lyres avec roses.

26 — Deux cuillers et deux fourchettes en argent, manches à cariatides.

27 — Pendule Louis XVI, bronze et marbre.

28 — Couronne en argent doré.

29 — Ceinture en argent et un amorçoir.

30 — Coffret en fer.

31 — Deux clefs en fer.

32 — Décoration turque en argent doré et stras.

33 — Vase en porcelaine et une cloche cristal et bronze.

34 — Deux cassolettes Empire, en bronze doré.

35 — Plaque en faïence de Delft.

36 — Baromètre en bois sculpté ancien.

37 — Deux chaînes de gilet avec cachets en argent.

38 — Trois passoires à thé en argent.

39 — Étui en argent repoussé Louis XV, et manche de couteau.

40 — Quatre pommes de canne en argent.

41 à 43 — Douze boîtes à mouches en argent.

44 — Six boucles de ceintures.

45 — Cuiller ancienne en argent.

46 — Six paires d'agrafes de manteaux.

47-48 — Quatre coffrets en argent.

49-50 — Quatre boîtes à figures et ornements.

51 — Deux cerfs couchés en argent ciselé.

52 — Paire de boucles d'oreilles en or et grenats.

53 — Miniature : Enfants de France, d'après Drouais.

54 — Miniatures : Deux enfants, école anglaise.

55 — Miniatures : Portrait de femme et une peinture à l'huile sur ivoire, marine.

56 — Douze tasses en porcelaine de Dresde, moderne.

57 — Boîte écaille blonde avec miniature et moutar-
dier en cuivre.

58 — Deux grands bas-reliefs en galvano, sujets
tirés du Nouveau Testament.

59 — Bouclier en fer gravé.

60 — Deux épées de combat et six fleurets.

61 — Épée à double coquille.

62 — Épée à quillons droits.

63 — Deux petits flambeaux en bronze à tiges canne-
lées.

64 — Deux coupes et boîte en agate.

65 — Coupe en verre gravé et flacon en verre émaillé
blanc.

66 — Lot de manches de couteaux taillés dans des
dents de rhinocéros, etc.

67 — Boudha en bois peint.

68 — Deux kakémonos.

PORCELAINE — FAIENCE

69 — Coupe en porcelaine du Japon, à décor de
médaillons-paysages et fleurs en bleu et or; elle
est montée en bronze.

70 — Jardinière en porcelaine à médaillon à figures
sur fond bleu turquoise avec monture en bronze.

71 — Gourde en faïence artistique moderne, décorée de fleurs en émaux de couleurs sur fond en céladon craquelé.

72 — Deux vases en poterie émaillée du Japon, montés sur pied bambou, en bronze de chez Giroux.

73 — Soupière en faïence italienne et bol à côtes à décor polychrome et dorure.

74 — Plat en vieux Chine, décor à figures.

75 — Trois pots de toilette avec couvercles en ancienne porcelaine, pâte tendre, de Mennecy-Villeroy, à décor de fleurs.

76 — Pot à crème, tasse et soucoupe et plateau losangé en Saxe.

77 — Petit pot hexagone en Chine et saucière en faïence.

78 — Jardinière décorée dans le goût chinois.

79 — Environ vingt-quatre pièces, plats et assiettes en porcelaine et en faïence. (Ce lot sera divisé.)

80 — Jardinière octogone en faïence, décorée en bleu.

81 — Petit plat en faïence de Moustiers.

82 — Deux assiettes en Rouen, à la corne.

83 — Deux plats en porcelaine de Chine.

BRONZES ET MEUBLES

84 — Petit coffre à médaillons sculptés : attributs d'horlogerie et de serrurerie.

85 — Pendule et deux candélabres à figures, en bronze, sur socles en marbre blanc.

86 — Cartel de style Louis XVI, en bronze.

87 — Pendule en bronze doré, surmontée d'un groupe en bronze vert : Mercure et l'Amour.

88 — Deux flambeaux de style Louis XVI.

89 — Baromètre Louis XVI, en bois peint en blanc et doré.

90 — Deux chenets, fûts cannelés avec boules, en fonte et cuivre.

91 — Beau devant de coffre gothique, à décor d'arcature ogivale, avec fenestrages et meneaux à fleurons.

92 — Grand lit en bois sculpté, à colonnes feuillagées.

93 — Pendule en bronze doré, de style Louis XIV, surmontée d'un vase, et deux candélabres à six lumières.

94 — Pendule Louis XIV et sa console-applique, en marqueterie de cuivre sur écaille, garnie de bronzes.

95 — Petit lustre en cuivre.

96 — Deux petits landiers en fer et deux ustensiles de foyer.

97 — Lanterne algérienne.

98 — Deux flambeaux bouts-de-table, à trois lumières.

99 — Lanterne en fer forgé.

100 — Deux portes de meuble à panneaux sculptés : mascarons et dragons.

101 — Petit miroir avec cadre, en cuivre estampé.

102 — Deux landiers en fer, avec boules en cuivre.

103 — Deux appliques à trois lumières, en cuivre, de style flamand.

104 — Deux petits lustres à six lumières, de style flamand, en cuivre, avec supports à volutes.

105 — Coupe-jardinière, en marbre, avec piédouche et anses en bronze doré.

106 — Grande garniture de cheminée, pendule et candélabres, de style Louis XV, en bronze doré, avec figures d'enfants en bronze vert.

107 — Deux grandes lampes à tiges formées de colonnes.

108 — Paire de chenets en bronze, à figures de fleuve et de naïade.

109 — Deux bras de mur à dix lumières, en bronze, de style Louis XV, à rinceaux feuillagés.

110 — Grand lustre en bronze, de style Louis XV. garni de cristaux.

111 — Ameublement de salon en bois doré, de style Louis XV, recouvert en damas de soie rouge, et composé de : deux canapés, six fauteuils, quatre chaises, deux sièges de coin.

112 — Deux paires de rideaux avec galeries en même étoffe, huit porte-embrasses en bronze et deux stores en soie, à l'italienne.

113 — Deux meubles d'entre-deux en bois noir et marqueterie de cuivre sur écaille, genre Boulle, garnis de moulures, de cariatides et d'appliques en bronze doré. Dessus en marbre vert de mer.

114 — Lanterne d'antichambre en fer forgé.

115 — Pendule Empire en bronze doré mat, à figures et à bas-relief symbolisant les Sciences.

116 — Deux candélabres Empire, à cinq lumières supportées par des figures mythologiques.

117 — Table à jeu, en bois de placage orné de marqueterie de bois.

118 — Deux chaises en noyer sculpté. Style Renaissance.

119 — Deux fauteuils de style Louis XV, en bois noir, couverts en reps.

120 — Deux fauteuils de même style, en noyer sculpté, couverts en étoffe imitant la tapisserie.

121 — Tabouret Louis XV, laqué blanc et couvert en soie brochée.

122 — Grande garniture de cheminée, pendule et candélabres, de style Louis XVI, en forme de vases, bronze doré et porcelaine gros bleu à médaillons peints et encadrements en dorure.

123 — Deux lampes, pouvant compléter la garniture qui précède.

124 — Glace à bordure dorée, ornée d'un tore de laurier et couronnée des attributs de l'Amour.

125 — Autre glace à oves et couronnement ajouré.

126 — Six fauteuils Empire en acajou, couverts en velours jaune d'Utrecht.

127 — Tabouret en bois noir, foncé de canne.

128 — Grande tapisserie verdure, avec groupe de personnages.

129 — Fragment de tapisserie ancienne.

130 — Trente-huit pièces : carrés en satin de Chine brodé, anciennes soieries, brocatelles. (Ce lot sera divisé.)

131-132 — Deux grands tapis de la Savonnerie.

www.ingramcontent.com/pod-product-compliance
Lightning Source LLC
LaVergne TN
LVHW010843180726
843502LV00009B/3721